1 Vネックリボンブラウス

柔らかシルエットとVネックの甘辛ミックスブラウス。リボンの結び方で多彩な着こなしを。　　→ p.37

使えるトップス

1　Ｖネックリボンブラウス ……………………………… p.1
2　フリルカラーシャツ ………………………………… p.4
3　オープンバックプルオーバー ……………………… p.6
4　ボリュームギャザーブラウス ……………………… p.8,11
5　サイドステッチタンクトップ ……………………… p.10,12
6　ワイドリネンＴシャツ ……………………………… p.13
7　ボックススキッパーブラウス ……………………… p.14
8　バルーンブラウス …………………………………… p.16,17
9　カーブスリーブプルオーバー ……………………… p.18
10　ポロカラーワイドシャツ …………………………… p.19
11　フレアドレープブラウス …………………………… p.20,21
12　オープンフロントジレ ……………………………… p.22
13　ランタンスリーブバンドカラーシャツ ………… p.24
14　ランタンスリーブレギュラーカラーシャツ …… p.25
15　フーディプルオーバー ……………………………… p.26
16　ウォームベスト ……………………………………… p.28
17　ボリュームギャザーワンピース ………………… p.30

HOW TO MAKE ……………………………… p.33

2 フリルカラーシャツ

切りっぱなしフリルカラーとラグラン袖が大人かわいい、ショート丈のガーリーシャツ。　　→ p.40

3 オープンバックプルオーバー

背中のカットが涼しげなプルオーバー。袖口をたくし上げてバルーンスリーブに。 → p.43

4 ボリュームギャザーブラウス

たっぷりギャザーとヨーク切替えで肩まわりすっきり。どんなシーンにも合う万能ブラウス。 → p.45

5 サイドステッチタンクトップ　　→ p.48

4 ボリュームギャザーブラウス　　　　　　　　　→ p.45

5 サイドステッチタンクトップ

両脇スリットがポイントのデザインタンクトップ。1枚でもインナー使いでも活躍。　→ p.48

6 ワイドリネンTシャツ

リネンで夏も快適。体を包み込む立体パターンで何枚でも作りたくなる大人の布帛Tシャツ。 → p.50

7 ボックススキッパーブラウス

ショート丈とボックスシルエットで軽やかな印象の五分袖ブラウス。袖口のタックでシャープに。 → p.52

8 バルーンブラウス

スラッシュあきの袖口で腕まわりがすっきり。どこから見ても丸いシルエットがかわいいブラウス。

→ p.54

9 カーブスリーブプルオーバー

布帛で作った長袖Tシャツ。ゆるやかなカーブ袖パターンで着心地アップ。 → p.56

10 ポロカラーワイドシャツ

ボックスシルエットとツンとしたスクエアスリーブがボーイッシュな雰囲気。ポロシャツのように楽しんで。　→ p.57

11 フレアドレープブラウス

袖と背中のフレアがボディラインをカバーするブラウス。しなやか、透け感。上品な落ち感のある生地をセレクト。

→ p.59

12 オープンフロントジレ

あえてボタンを省き、ウエストのリボンを自由に結んでさらりと楽しむロングジレ。　　　→ p.60

13 ランタンスリーブバンドカラーシャツ

甘すぎないふくらんだ袖とショート丈がかわいいバランスのシャツ。ストライプの向きで遊び心を演出。 → p.62

14 ランタンスリーブレギュラーカラーシャツ

メンズライクなネル素材、ふくらんだ袖とラウンドヘムの組合せが新鮮な1枚。 → p.64

15 フーディプルオーバー

ゆったりボクシーなフーディ。薄地だと1枚着、厚地だとアウターとして便利な1枚。　→ p.66

16 ウォームベスト

厚手の起毛素材がおすすめ。深いVネックが重ね着にぴったりのあたたかベスト。　→ p.68

17 ボリュームギャザーワンピース

小さな衿がポイント。体型を問わないふんわりギャザーワンピース。4のブラウスの簡単アレンジ。 → p.71

index

1 Vネックリボンブラウス
p.1 / p.37

2 フリルカラーシャツ
p.4 / p.40

3 オープンバックプルオーバー
p.6 / p.43

4 ボリュームギャザーブラウス
p.8,11 / p.45

5 サイドステッチタンクトップ
p.10,12 / p.48

6 ワイドリネンTシャツ
p.13 / p.50

7 ボックススキッパーブラウス
p.14 / p.52

8 バルーンブラウス
p.16,17 / p.54

9 カーブスリーブプルオーバー
p.18 / p.56

10 ポロカラーワイドシャツ
p.19 / p.57

11 フレアドレープブラウス
p.20,21 / p.59

12 オープンフロントジレ
p.22 / p.60

13 ランタンスリーブバンドカラーシャツ
p.24 / p.62

14 ランタンスリーブレギュラーカラーシャツ
p.25 / p.64

15 フーディプルオーバー
p.26 / p.66

16 ウォームベスト
p.28 / p.68

17 ボリュームギャザーワンピース
p.30 / p.71

how to make

サイズの選び方

付録の実物大パターンは、size1、size2の2サイズになっています。
参考寸法表を元に自分のサイズを選びます。
各アイテムの仕上りサイズも参考にしてください。

◎参考寸法表（ヌード寸法）

（単位：cm）

	size1	size2
バスト	79～84	85～90
ヒップ	87～92	93～98
身長	154～166	

※size1はS・Mを、size2はL・2Lを想定しています。

採寸箇所と採寸方法

バスト…袖ぐりの袖底位置で身頃を1周
裾回り…ボタンをとじた状態で裾端を1周
袖口……袖口端を1周

着丈…後ろ中心の衿ぐりから裾まで
肩幅…左右の肩先（袖ぐり）どうしの距離

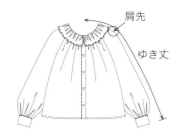

ゆき丈…後ろ中心の衿ぐりから
　　　　肩先を通って袖口まで

設定着丈…後ろ首のつけ根から裾まで
　　　　※後ろ衿ぐりが深く下がっている
　　　　　トップスについて表記しています。

衿や袖をつけ替えられるトップス

下記のトップスは、衿ぐりや袖ぐりが共通のため、衿や袖のつけ替えができます。

・衿のつけ替えA …………… 2, 4, 7, 11, 17
　※ただし、身頃やヨークの縫い代を下記のようにご自分で調整してください。
　　2, 4の衿＝衿ぐりの縫い代を0.7cmに
　　7, 11, 17の衿＝衿ぐりの縫い代を1cmに
・衿とフードのつけ替え …… 10, 15
・衿のつけ替えB …………… 13, 14
・袖のつけ替え ……………… 6, 10

実物大パターンの使い方

パターンは別の紙に写し取ります。ハトロン紙などの下の線が透ける程度の紙を用意しましょう。
パターンには、縫い代がついています。必要なパターンをチェックして、自分のサイズの縫い代線を写し、
合い印、布目線、ポケット位置、あき止り、パーツ名なども書き写します。蛍光ペンなどで線をなぞっておくと見やすくなります。
パターンを写し取ったら縫い代線にそって、パターンを切り取りましょう。内側の仕上り線は基本的には写す必要はありません。

[パターン内の記号]

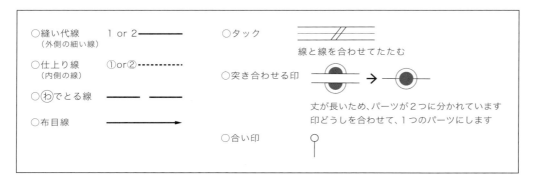

布地の下準備

◎コットン、リネンの場合

コットンやリネンは洗うと縮みますので、裁断する前に水通しをしましょう。布地が浸かる量の水に1時間ほど浸してから、洗濯機で軽く脱水し、陰干しの後、生乾きの状態でアイロンをかけます。

◎ウールの場合

ウールは水通しをしません。その代わりに、簡易な縮絨をして布地を安定させましょう。布地を広げて全体にまんべんなく霧吹きをかけ(片面でよい)、大きめのポリ袋に入れ、口をしっかり結んでとじます。そのまま一晩寝かせ、翌日、アイロンをかけて乾かします。

布地の裁断

本書の裁合せ図はsize1のパターンを置いた状態になっています。
裁合せ図を参照して、布地の上にパターンを配置します。
つくるサイズ・使用する布地幅・柄によって、パターンの配置や布地の用尺が変わる場合があります。
使用するすべてのパターンを置いて、布地に入ることを確認してから裁断しましょう。

印つけ

パターンの合い印の位置は、布地に切込み（ノッチ）を入れます。

◎切込み（ノッチ）

布端から0.3cm程度まではさみで切り込む

パターンの内側にある印（ダーツ止り、ボタンつけ位置、ポケットつけ位置など）はチョークペーパーとルレットを使って印をつけます。

> ミシン針とミシン糸について
>
> 本書ではミシン針＝11番、ミシン糸＝60番を使用しています。針目の大きさは3cmに17～18目の細かい針目で縫いましたが、基本的には3cmに12～14目程度を目安にしてください。

共通の仕様

A 接着芯をはる

接着芯は熱を加えると縮む傾向にあります。
パターンどおりに裁断してから接着芯をはると、パターンより小さくなってしまうことがあるので、
布地を仮裁断して接着芯をはってから、その後正しく裁断し直すようにしましょう。

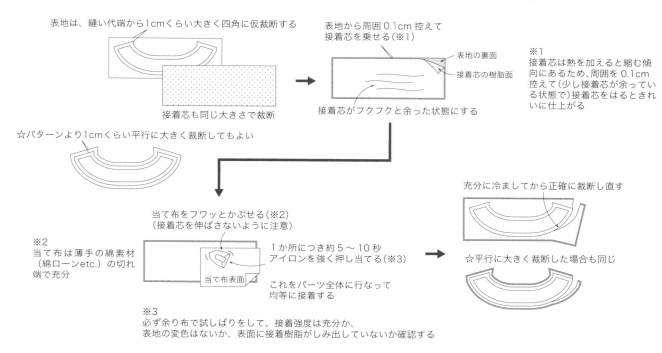

B 伸び止めテープをはる

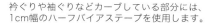

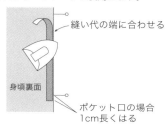

C 縫い目利用のポケットをつくる

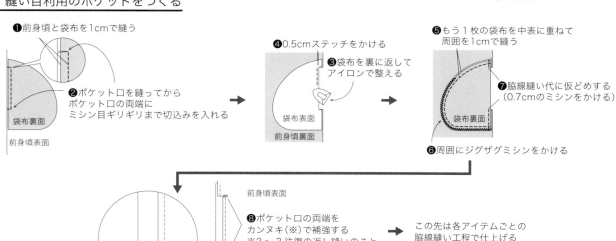

D 袖口いってこい始末

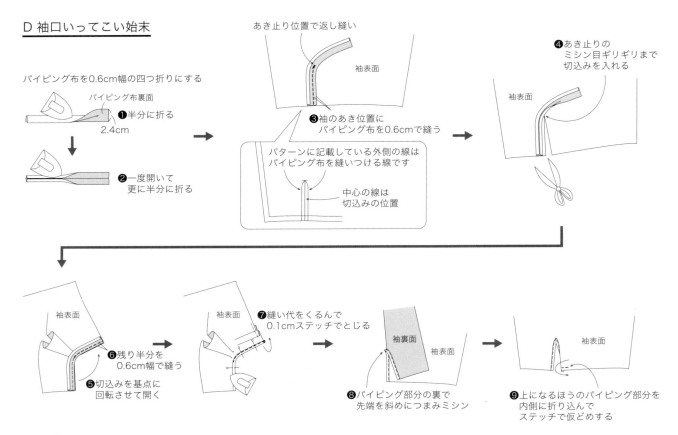

E リボンをつくる

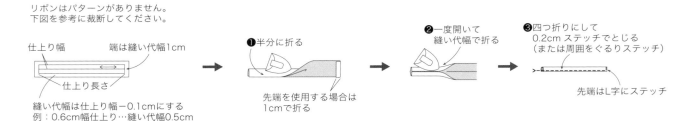

F ボタンホールとボタンつけ

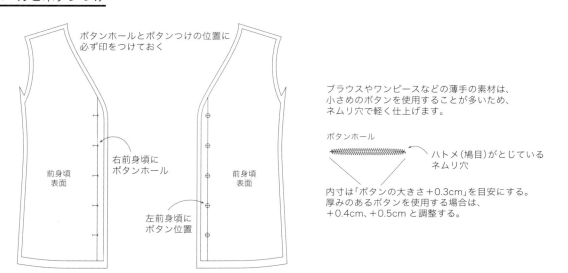

1 Vネックリボンブラウス

photo p.1,2　実物大パターン 1表

仕上りサイズ　左から size1 / size2
- 着丈 58 / 60cm
- バスト 118 / 124cm
- 裾回り 139 / 145cm
- 肩幅 38 / 40cm
- ゆき丈 76.5 / 79.5cm
- 袖口 23 / 25cm

材料
- 表地：コットン 110cm幅
  210cm(size1) / 215cm(size2)
  (sunnydaysコットン CHECK&STRIPE)
- 接着芯(90cm幅) 70cm
- 伸び止めテープ(1cm幅ハーフバイアス) 100cm
- ボタン(11.5mm) 5個

つくり方順序
◎接着芯と伸び止めテープをはる(p.35-A,B参照)
① ウエストリボンをつくる(p.36-E参照)
　幅1cm×長さ71cmを2本つくる
② パネルラインと脇線を縫う
③ 後ろ中心のボックスタックを縫う
④ 肩線を縫う
⑤ 衿ぐりを縫い返して裾を始末する
⑥ 袖をつくる
⑦ 袖つけをする
⑧ ボタンホール&ボタンつけ(p.36-F参照)

裁合せ図

※接着芯を全面にはるパーツは、
　周囲に平行に1cmの余裕をつけて裁断する
※ウエストリボンと袖口パイピングは裁合せ図の
　指定の寸法で裁断する
　(◎印　size1…25cm、size2…27cm)

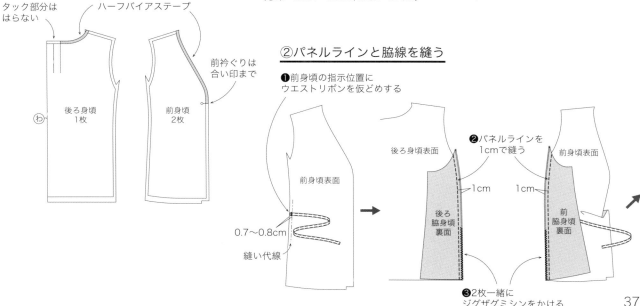

◎伸び止めテープをはる位置

② パネルラインと脇線を縫う

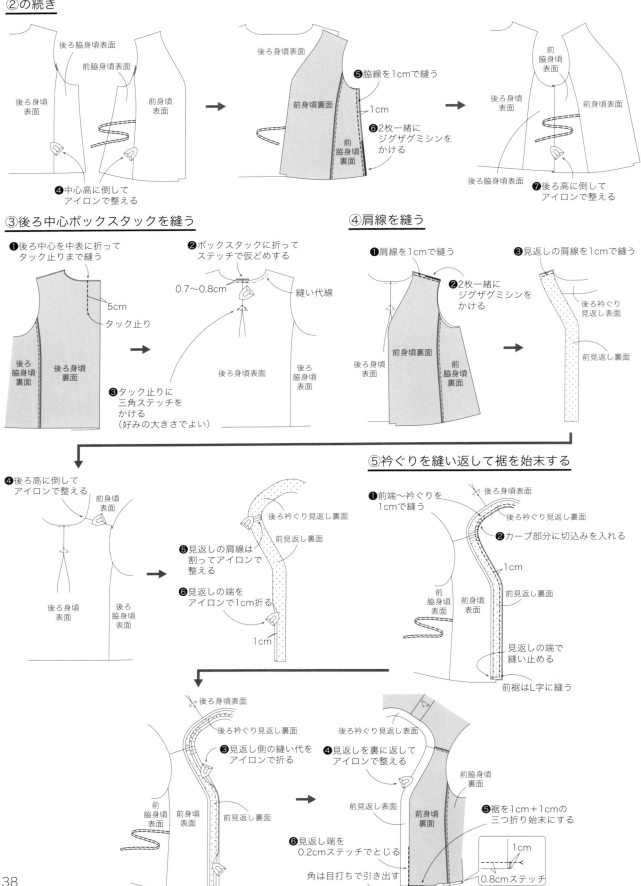

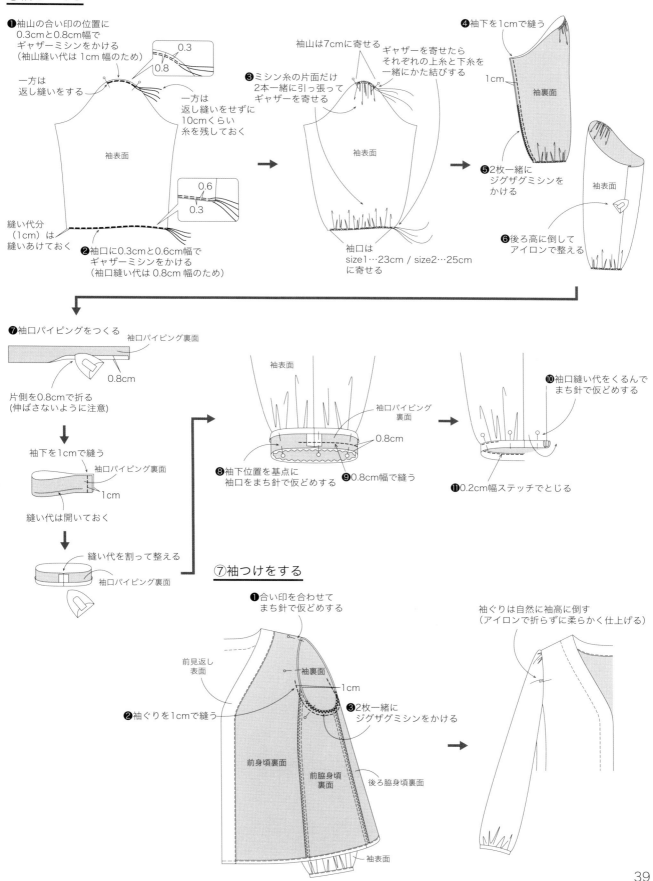

2 フリルカラーシャツ

photo p.4,5

実物大パターン 1 表
※カフスのパターンは 2 裏

仕上りサイズ　左から size1 / size2
着丈 55.5 / 57.5cm
バスト 123 / 129cm
裾回り 121.5 / 127.5cm
ゆき丈 78 / 81cm
袖口 22 / 24cm

材料
表地：コットン 105cm幅
260cm(size1) / 270cm(size2)
(コットンパピエ CHECK&STRIPE)
接着芯(90cm幅) 60cm
ボタン(11.5mm) 7個

つくり方順序
◎接着芯をはる(p.35-A参照)
① 衿ぐりタックを縫う
② 脇線を縫う
　(p.38-②-❺〜❼参照)
③ 裾始末をする
　(p.38-⑤-❺参照)
④ 袖をつくる
⑤ カフスをつける
⑥ 袖つけをする
⑦ 衿〜前立てを縫う
⑧ ボタンホール＆ボタンつけ
　(p.36-F参照)

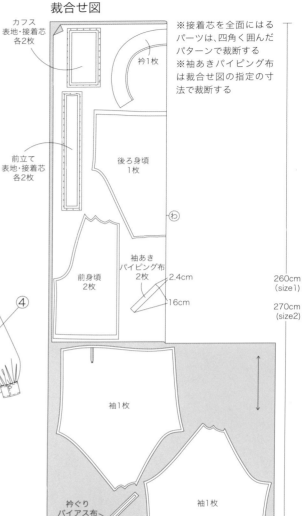

① 衿ぐりタックを縫う

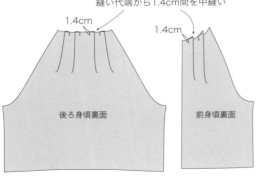

④ 袖をつくる

⑤カフスをつける

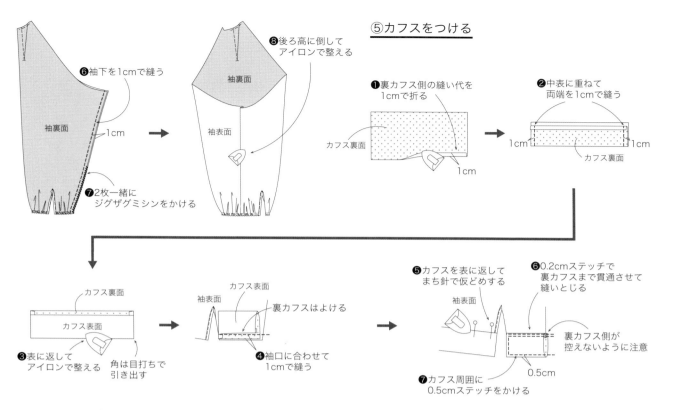

⑥袖つけをする

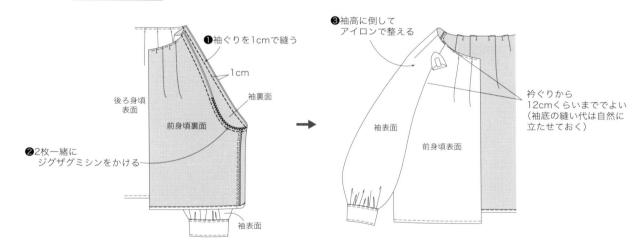

⑦衿〜前立てを縫う

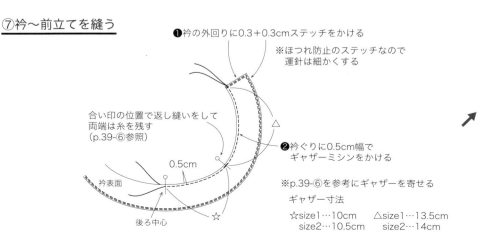

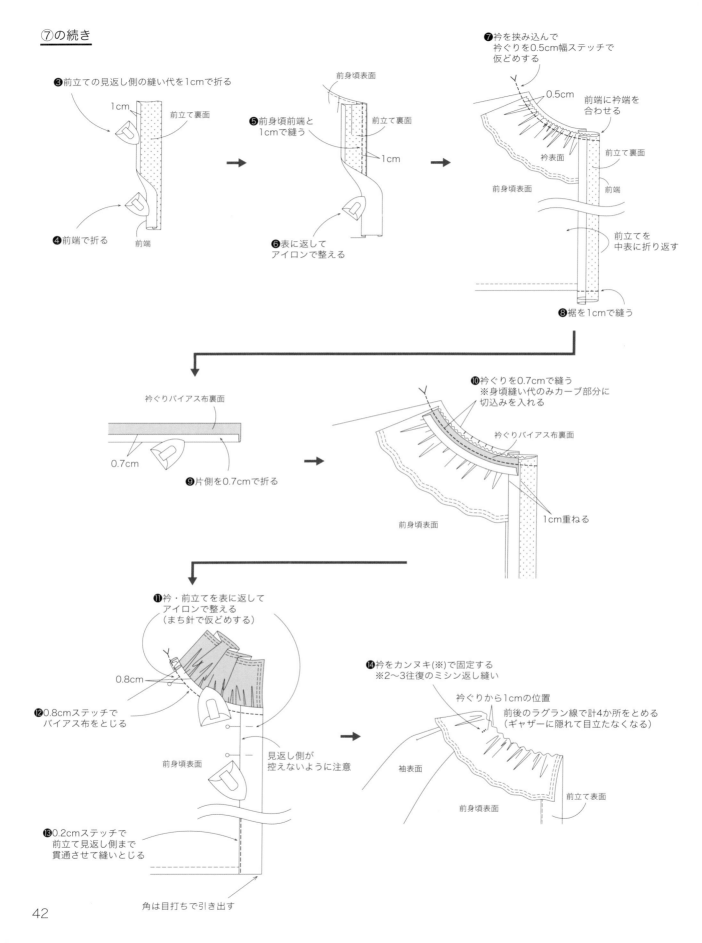

3 オープンバックプルオーバー

photo p.6,7　実物大パターン 1 表
※衿ぐりバイアス布のパターンは 2 表

仕上りサイズ　左から size1 / size2
着丈 62.5 / 64.5cm
バスト 136.5 / 142.5cm
裾回り 146 / 152cm
ゆき丈 75 / 78cm
袖口 20 / 22cm

材料
表地：コットン 110cm幅
250cm（size1）/ 260cm（size2）
（海のブロード CHECK&STRIPE）
伸び止めテープ
（1cm幅ハーフバイアス）95cm
ゴムテープ（1cm幅）50cm

つくり方順序
◎伸び止めテープをはる（p.35-B参照）
①後ろあきをつくる
②肩線を縫う（p.38-④-❶、❷参照）
③衿ぐりを裏バイアス始末で縫う
　（p.49-④-❶～❸、❺参照）
④脇線を縫う（p.38-②-❺～❼参照）
⑤裾始末をする（p.38-⑤-❺参照）
⑥袖をつくる
⑦袖つけをする（p.39-⑦参照）

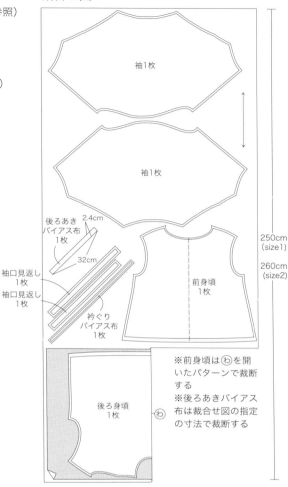

裁合せ図

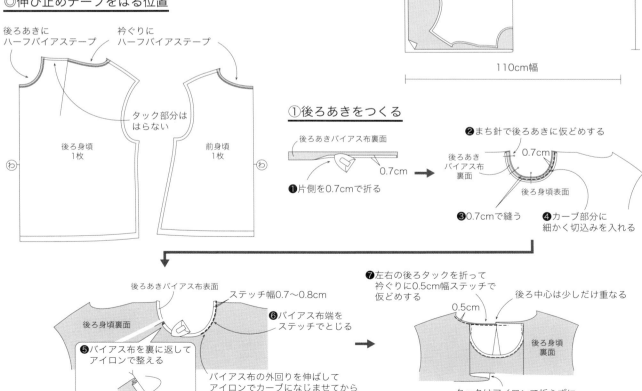

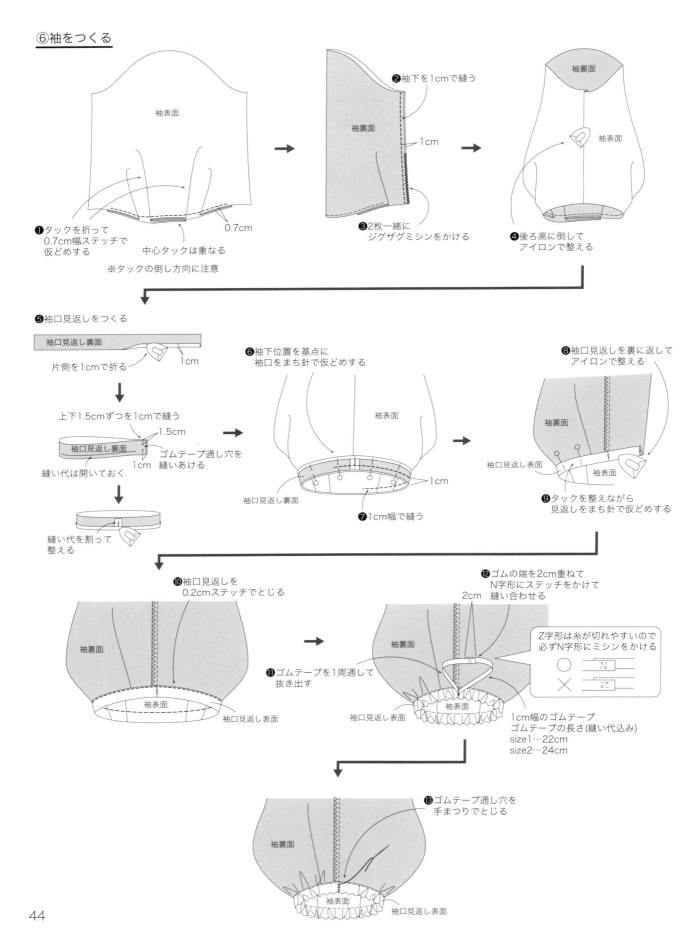

4 ボリュームギャザーブラウス

photo p.8,9,11

実物大パターン 1裏
※衿ぐりバイアス布のパターンは 1表

仕上りサイズ 左から size1 / size2
- 着丈 63.5 / 65.5cm
- バスト 159 / 165cm
- 裾回り 172 / 178cm
- ゆき丈 78 / 81cm
- 袖口 23 / 25cm

材料(p.8)
- 表地：コットン 138cm幅
- 250cm(size1) / 255cm(size2)
- (80sコットンシフォン No.22146 ソールパーノ)
- 接着芯(90cm幅) 40cm
- 伸び止めテープ(1cm幅ハーフバイアス) 55cm
- ゴムテープ(2cm幅) 60cm
- ボタン(10mm) 3個

材料(p.11)
- 表地：リネン 110cm幅
- 265cm(size1) / 270cm(size2)
- (やさしいリネン CHECK&STRIPE)
- 接着芯(90cm幅) 40cm
- 伸び止めテープ(1cm幅ハーフバイアス) 55cm
- ゴムテープ(2cm幅) 60cm
- ボタン(10mm) 3個

つくり方順序
◎接着芯と伸び止めテープをはる
（p.35-A,B参照）
① 身頃と袖のギャザーを寄せる
② 脇線を縫う(p.38-②-❺～❼参照)
③ 裾始末をする(p.38-⑤-❺参照)
④ 袖をつくる
⑤ 袖つけをする(p.41-⑥)
⑥ 肩線を縫う(p.38-④-❶,❷参照)
⑦ ヨーク線を縫う
⑧ 短冊と衿ぐりを縫う
⑨ ボタンホール&ボタンつけ(p.36-F参照)

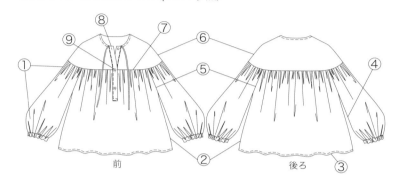

裁合せ図(p.8)

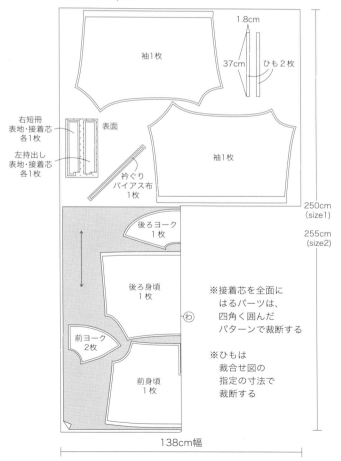

裁合せ図(p.11)

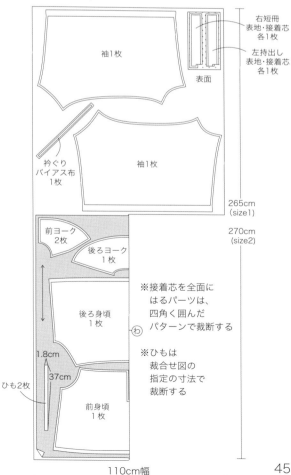

※接着芯を全面にはるパーツは、四角く囲んだパターンで裁断する

※ひもは裁合せ図の指定の寸法で裁断する

◎伸び止めテープをはる位置

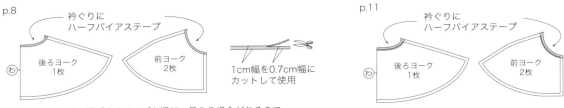

※透ける素材は伸び止めテープも透けて見える場合があるので、
縫い代幅に合わせてテープをカットして使用する

①身頃と袖のギャザーを寄せる

p.39-⑥-❶～❸を参考にギャザーを寄せる
※ギャザーミシンがヨーク線の伸び止めにもなるので、
ギャザーミシンを2本入れて寸法どおりに仕上げる

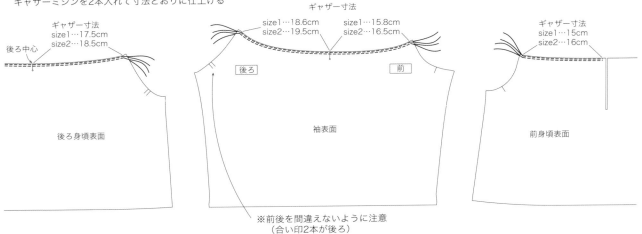

④袖をつくる

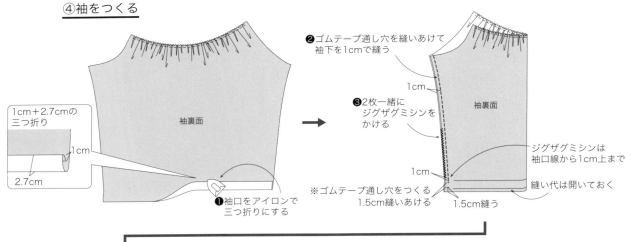

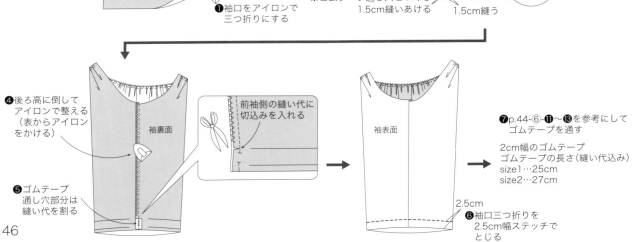

⑦ヨーク線を縫う

⑧短冊と衿ぐりを縫う

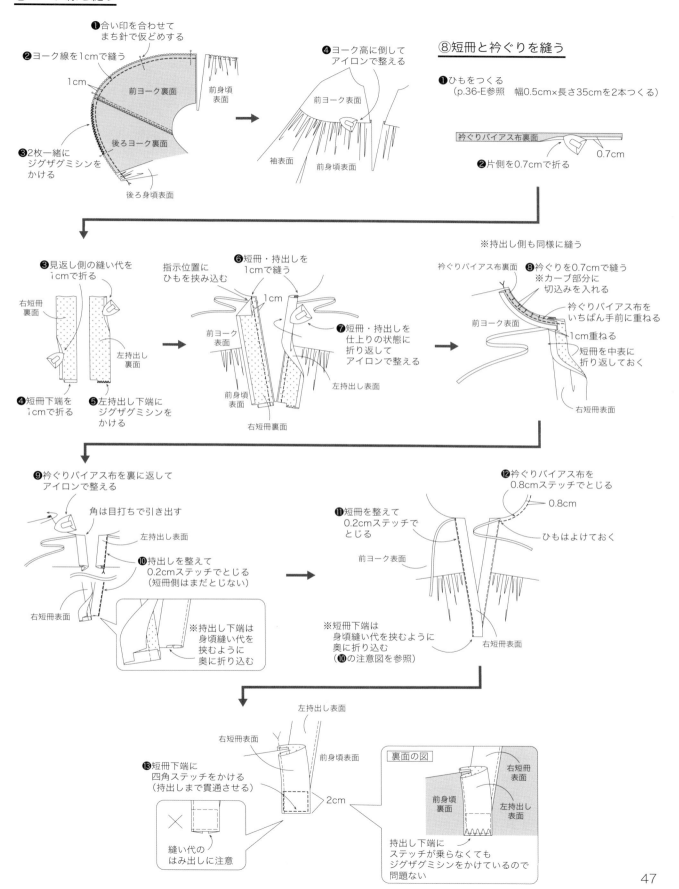

5 サイドステッチタンクトップ

photo p.10,12　実物大パターン [1]裏

仕上りサイズ　左から size1 / size2
着丈 54 / 56cm
バスト 105 / 111cm
裾回り 120 / 126cm
設定着丈 59 / 61cm

材料(p.10)
表地：リネン 110cm幅
140cm(size1) / 145cm(size2)
(やさしいリネン CHECK&STRIPE)
伸び止めテープ(1cm幅ストレート) 140cm
伸び止めテープ(1cm幅ハーフバイアス) 175cm

材料(p.12)
表地：コットン 108cm幅
140cm(size1) / 145cm(size2)
(センテッド・ガーデン / タナローン リバティ・ファブリックス)
伸び止めテープ(1cm幅ストレート) 140cm
伸び止めテープ(1cm幅ハーフバイアス) 175cm

つくり方順序
◎伸び止めテープをはる(p.35-B参照)
①後ろ中心ボックスタックを縫う
②前衿ぐりダーツと脇線と裾を縫う
③肩線を縫う(p.38-④-❶、❷参照)
④衿ぐりと袖ぐりを裏バイアス始末で縫う
⑤脇を重ねてステッチ始末する

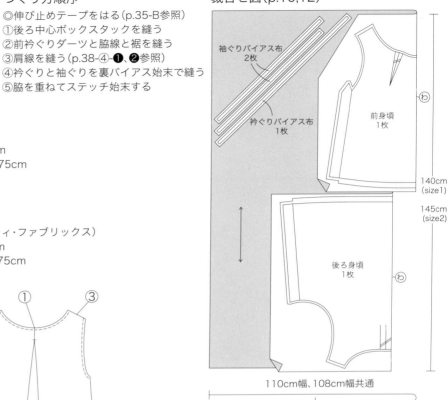

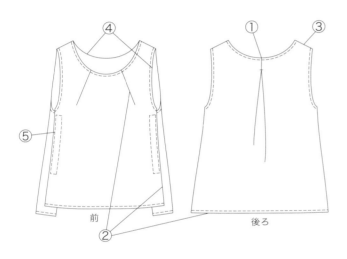

◎伸び止めテープをはる位置

◎脇ステッチについて

・脇ステッチのとじ寸法はお好みで決める
・縫製前にステッチ長さを決めてチャコ等で印をつける
　(とても重要なので必ず印をつける)

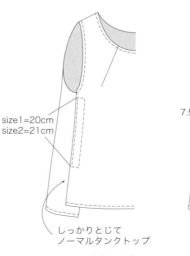
size1=20cm
size2=21cm
しっかりとじて
ノーマルタンクトップ

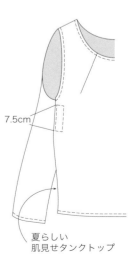
7.5cm
夏らしい
肌見せタンクトップ

実物大パターンには、
2段階のステッチ位置を記載している

①後ろ中心ボックスタックを縫う

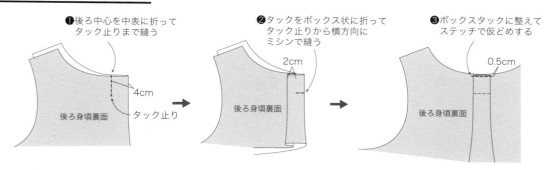

②前衿ぐりダーツと脇線と裾を縫う

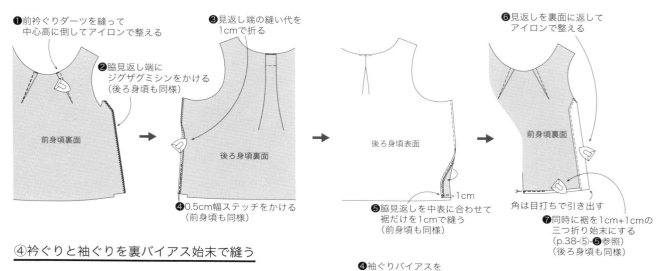

④衿ぐりと袖ぐりを裏バイアス始末で縫う

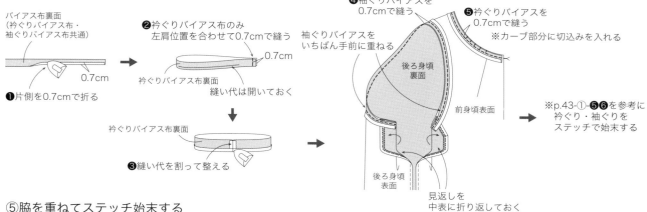

⑤脇を重ねてステッチ始末する

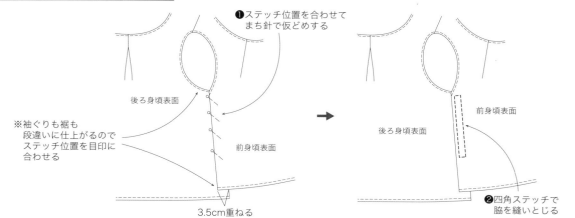

6 ワイドリネンTシャツ

photo p.13　実物大パターン [1]裏

仕上りサイズ　左から size1 / size2
着丈 65.5 / 67.5cm
バスト 127 / 133cm
裾回り 125 / 131cm
肩幅 72 / 74cm
ゆき丈 51.5 / 54.5cm
袖口 39 / 41cm
設定着丈 68 / 70cm

材料
表地：リネン 110cm幅
180cm(size1) / 185cm(size2)
(やさしいリネン CHECK&STRIPE)
接着芯(90cm幅) 20cm
伸び止めテープ
(1cm幅ハーフバイアス) 70cm

つくり方順序
◎接着芯と伸び止めテープをはる
　(p.35-A,B参照)
①肩線を縫う(p.38-④-❶、❷参照)
②衿ぐりを縫う
③袖つけをする
④脇線を縫う
⑤裾を始末する
　(p.38-⑤-❺参照)
　三つ折り幅は2cm+2cm
　ステッチは1.8cm+0.5cmの
　ダブルステッチにする
⑥袖口を始末する

袖のアレンジ
p.50とp.57は袖ぐりが共通なので、
p.57の袖をつけることもできる

裁合せ図

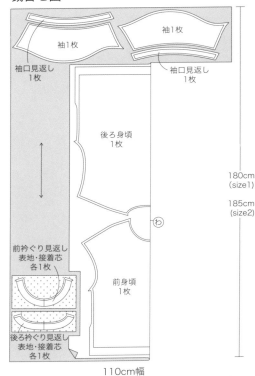

※前衿ぐり見返し、後ろ衿ぐり見返しは（わ）を開いた
　パターンで裁断する
※接着芯を全面にはるパーツは、
　四角く囲んだパターンで裁断する

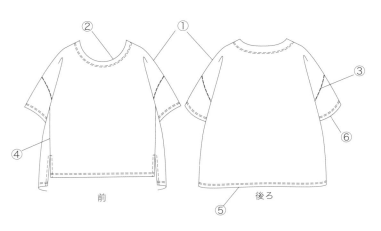

◎伸び止めテープをはる位置　　②衿ぐりを縫う

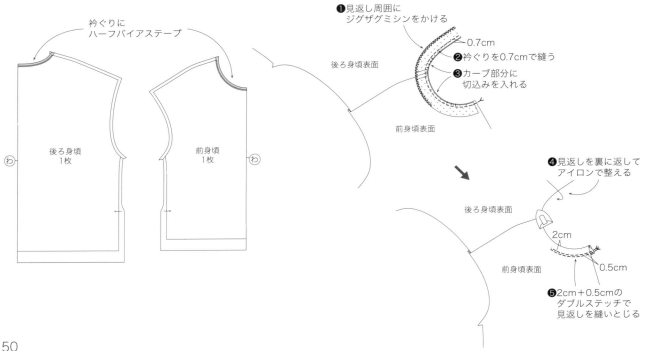

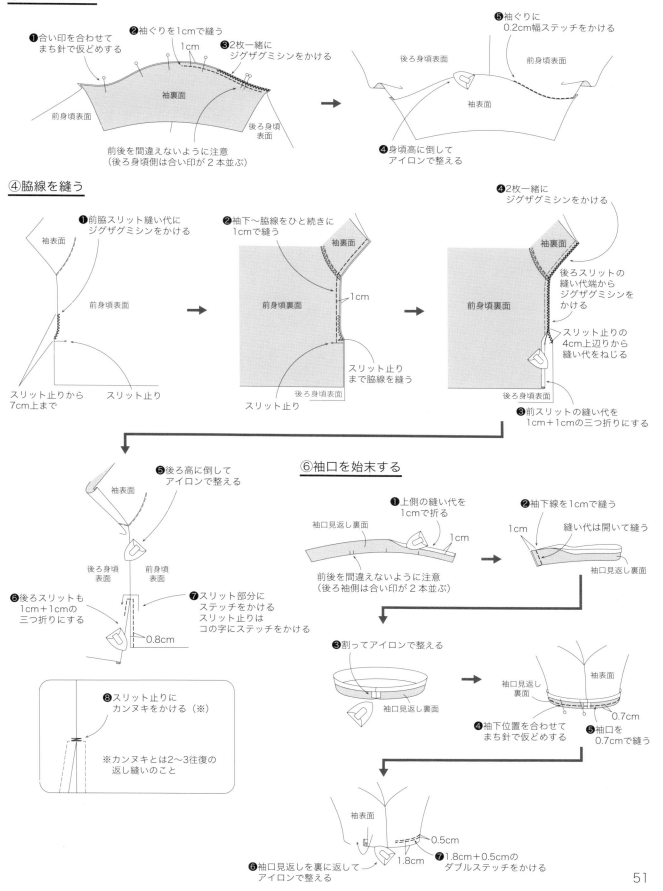

7 ボックススキッパーブラウス

photo p.14,15

実物大パターン 1 裏
※衿のパターンは 2 裏

仕上りサイズ
左から size1 / size2

着丈 61.5 / 63.5cm
バスト 118 / 124cm
裾回り 139.5 / 145.5cm
肩幅 62 / 64cm
ゆき丈 58 / 61cm
袖口 32 / 34cm

材料
表地：コットン 110cm幅
230cm(size1) / 235cm(size2)
(海のブロード CHECK&STRIPE)
接着芯(90cm幅) 60cm
ボタン(11.5mm) 1個

つくり方順序
◎接着芯をはる(p.35-A参照)
① 胸ポケットをつける
② 短冊を縫う(p.47-⑧-❸～⓭参照)
　衿ぐり始末は異なるので短冊の
　縫い方のみ参照
③ 肩ヨークを縫う
④ 衿をつける
⑤ 袖をつける
⑥ 脇線を縫う(p.51-④参照)
⑦ 裾を始末する(p.38-⑤-❺参照)
⑧ カフスをつける(p.39-⑥-❼～⓫参照)
　縫い代は1cm幅にする
⑨ ボタンホール＆ボタンつけ(p.36-F参照)

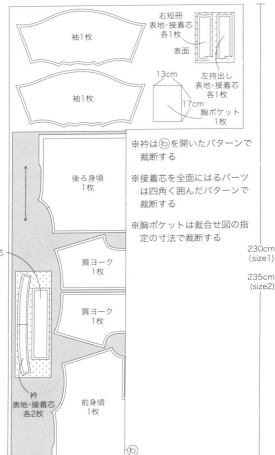

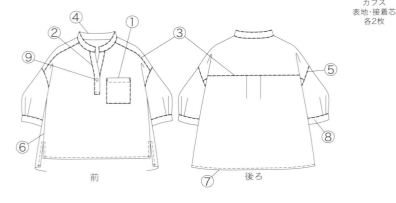

① 胸ポケットをつける

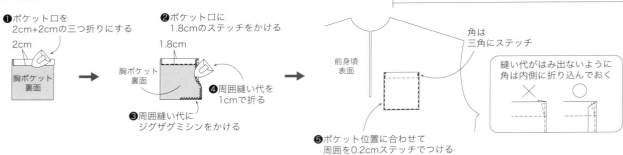

③ 肩ヨークを縫う

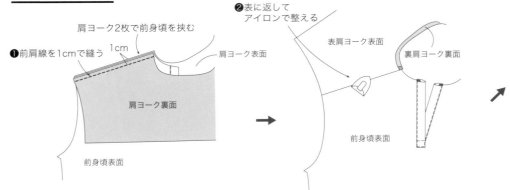

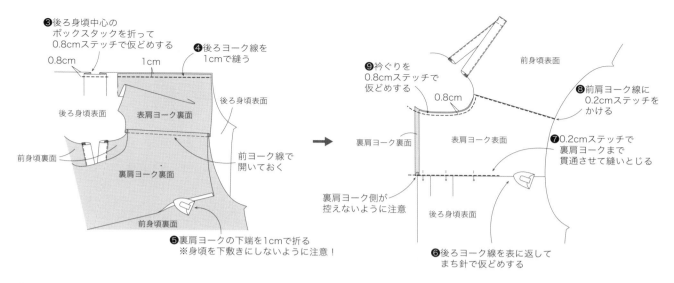

④衿をつける

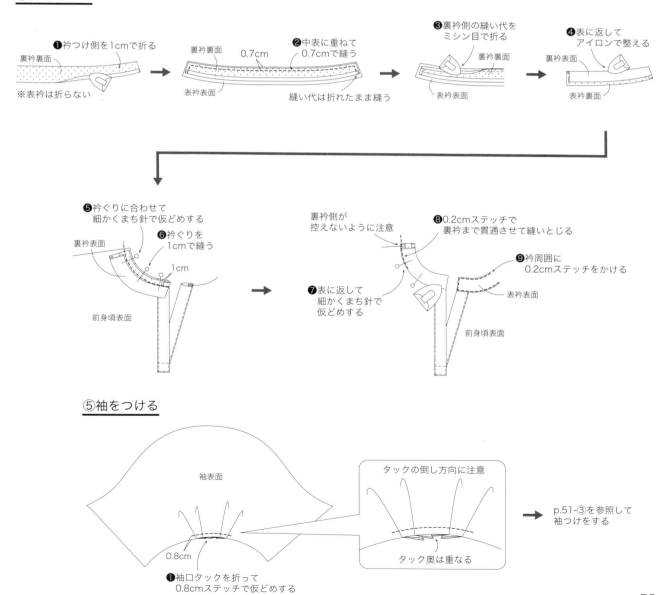

⑤袖をつける

8 バルーンブラウス

photo p.16,17 　実物大パターン 2 表

仕上りサイズ　左から size1 / size2
着丈 72.5 / 74.5cm
裾回り 110 / 116cm（ゴム上り）
設定着丈 75 / 77cm

材料(p.16)
表地：コットン 138cm幅
155cm(size1) / 160cm(size2)
(80sコットンシフォン No.22146 ソールパーノ)
伸び止めテープ(1cm幅ハーフバイアス) 65cm
伸び止めテープ(1cm幅ストレート) 100cm
ゴムテープ(1cm幅) 85cm

材料(p.17)
表地：コットン 110cm幅
240cm(size1) / 245cm(size2)
(海のブロード CHECK&STRIPE)
伸び止めテープ(1cm幅ハーフバイアス) 65cm
伸び止めテープ(1cm幅ストレート) 100cm
ゴムテープ(1cm幅) 85cm

つくり方順序
◎伸び止めテープをはる(p.35-B参照)
①後ろ中心と肩線を縫う
②前身頃を縫う
③衿ぐりを裏バイアス始末で縫う(p.49-④-❶〜❸、❺参照)
④裾を始末する

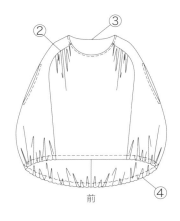
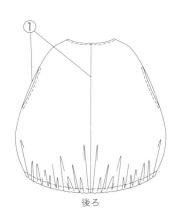

◎伸び止めテープをはる位置

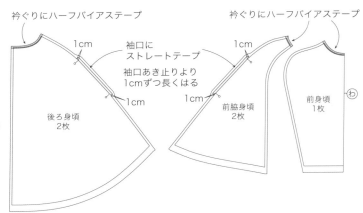

裁合せ図(p.16)

裁合せ図(p.17)

※衿ぐりバイアス布は1枚

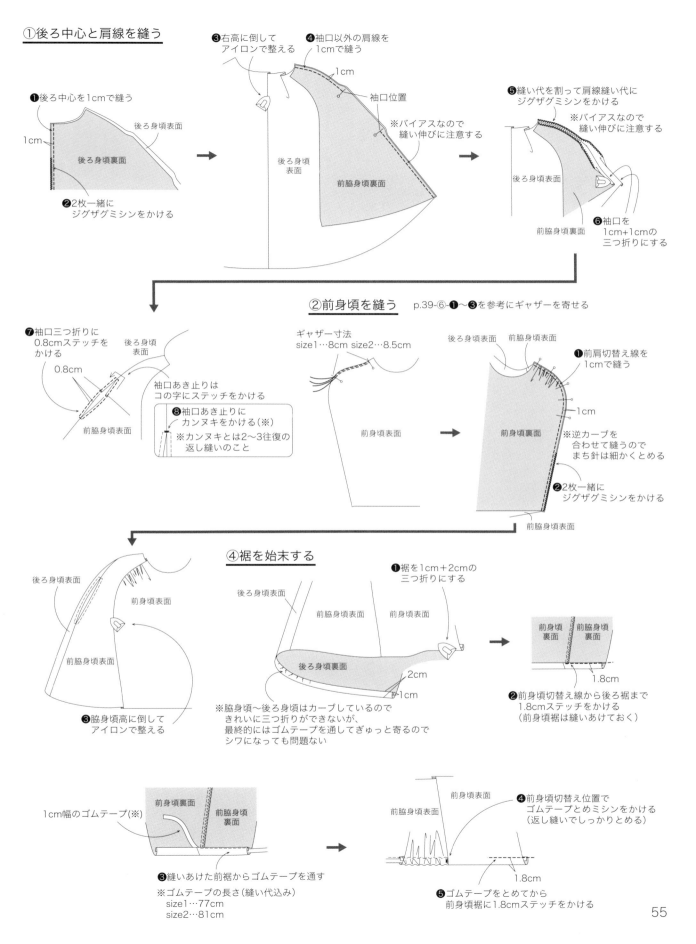

9 カーブスリーブプルオーバー

photo p.18 　実物大パターン 2表

仕上りサイズ　左から size1 / size2
着丈 59.5 / 61.5cm
バスト 111 / 117cm
裾回り 109 / 115cm
肩幅 64 / 66cm
ゆき丈 74.5 / 77.5cm
袖口 25.5 / 27.5cm
設定着丈 62 / 64cm

材料
表地：リネン 110cm幅
180cm(size1) / 185cm(size2)
(やさしいリネン CHECK&STRIPE)
伸び止めテープ(1cm幅ハーフバイアス)
130cm

つくり方順序
◎伸び止めテープをはる(p.35-B参照)
①肩線を縫う(p.38-④-❶、❷参照)
②衿ぐりを裏バイアス始末で縫う
　(p.49-④-❶〜❸、❺参照)
③袖つけをする
④脇線を縫う(p.51-④参照)
⑤裾を始末する(p.38-⑤-❺参照)
　三つ折り幅は2cm+2cm、
　ステッチ幅は1.8cm
⑥袖口を始末する(p.51-⑥参照)
　袖口見返しの袖下線を0.7cmで縫い、
　上側は縫い代0.7cmに折る
　ステッチ幅は1.8cm

裁合せ図

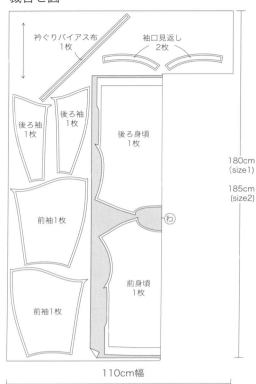

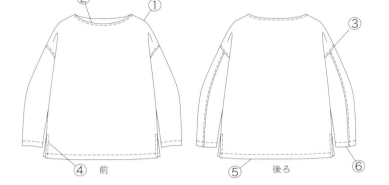

◎伸び止めテープをはる位置

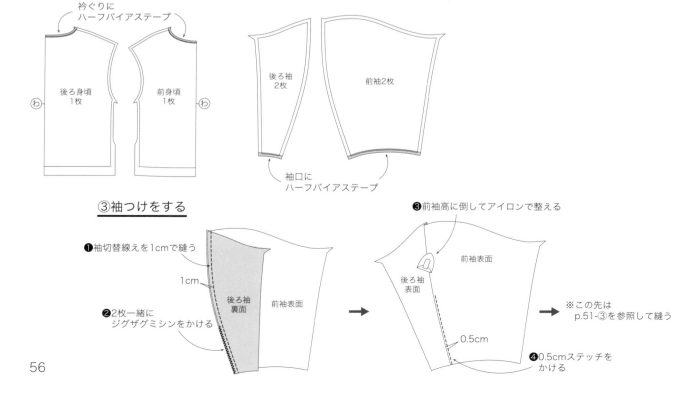

③袖つけをする

10 ポロカラーワイドシャツ

photo p.19　実物大パターン 2 表

仕上りサイズ
左から size1 / size2

着丈 67.5 / 69.5cm
バスト 127 / 133cm
裾回り 125 / 131cm
ゆき丈 42.5 / 43.5cm
袖口 53 / 55cm

材料
表地：コットン 110cm幅
180cm(size1) / 185cm(size2)
（ナチュラルコットンHOLIDAY CHECK&STRIPE）
接着芯(90cm幅) 50cm
ボタン(11.5mm) 3個

つくり方順序
◎接着芯をはる(p.35-A参照)
① 短冊を縫う
② 肩線を縫う(p.38-④-❶、❷参照)
③ 衿をつける
④ 脇線と裾を始末する
⑤ 袖をつける
⑥ ボタンホール＆ボタンつけ(p.36-F参照)

裁合せ図

※衿は（わ）を開いたパターンで裁断する
※接着芯を全面にはるパーツは、四角く囲んだパターンで裁断する

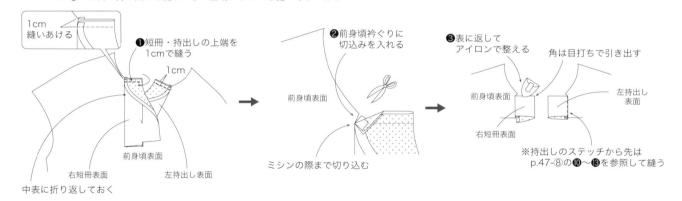

① 短冊を縫う

p.47-⑧の❸〜❼までを縫う
※ただし、❻で短冊・持ち出しを縫うときは上端から1cmを縫いあけておく

③ 衿をつける

p.53-④の❶〜❹まで縫う
ただし、衿つけ側の縫い代を折るのは表衿側にする

④脇線と裾を始末する

❶脇線縫い代に
ジグザグミシンをかける

後ろ身頃表面　　前身頃表面

❷脇線を1cmで縫う

袖ぐり縫い代は
1cm縫いあける

前身頃裏面

1cm

後ろ身頃表面

❸割って
アイロンで整える

縫い代が開く

前身頃
裏面　　後ろ身頃
裏面

❹スリット部分を
1cm+1cmの
三つ折りにする

1cm

❺裾端縫い代を
1cmで折る

❻裾を裾線で折り上げて
スリット部分を1cmで縫う

※前身頃側も同様に縫う

後ろ身頃表面　　前身頃表面

前身頃裏面

後ろ身頃裏面　1cm

裾線

スリット三つ折りは
一度開いておく

❼裾縫い代を返して
アイロンで整える

❽スリット部分に
ステッチをかける

前身頃裏面　　後ろ身頃裏面

スリット止りは
コの字にステッチをかけて
カンヌキをかける
（カンヌキは p.51-④-❽参照）

三つ折りに戻す

角は目打ちで引き出す　0.8cm

❾0.2cmステッチで
裾をとじる

⑤袖をつける

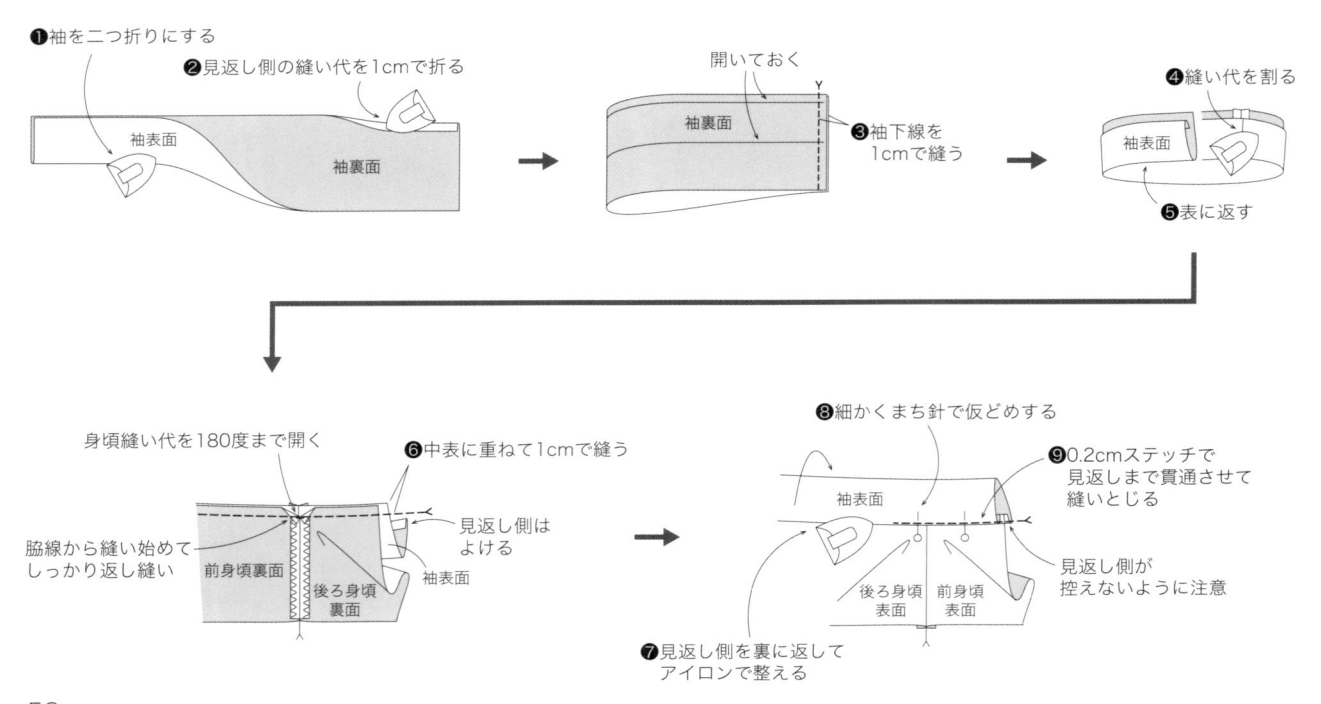

❶袖を二つ折りにする

❷見返し側の縫い代を1cmで折る

袖表面

袖裏面

開いておく

袖裏面

Y

❸袖下線を
1cmで縫う

❹縫い代を割る

袖表面

❺表に返す

身頃縫い代を180度まで開く

❻中表に重ねて1cmで縫う

脇線から縫い始めて
しっかり返し縫い

前身頃裏面　　後ろ身頃
裏面

見返し側は
よける

袖表面

❽細かくまち針で仮どめする

袖表面

❾0.2cmステッチで
見返しまで貫通させて
縫いとじる

後ろ身頃
表面　　前身頃
表面

見返し側が
控えないように注意

❼見返し側を裏に返して
アイロンで整える

58

11 フレアドレープブラウス

photo p.20,21　実物大パターン 2 裏

仕上りサイズ　左から size1 / size2
着丈 59 / 61cm
バスト(設定) 120 / 126cm
※背中のフレアで実寸はもっと大きくなる
肩幅 50 / 52cm
ゆき丈 67 / 70cm

つくり方順序
◎接着芯をはる(p.35-A参照)
①前身頃を縫う(p.63-①-❻〜❾参照)
②後ろ身頃を縫う(p.63-②-❺〜❽参照)
③肩線を縫う(p.38-④-❶、❷参照)
④脇線を縫う(p.38-②-❺〜❼参照)
⑤裾始末をする(⑧-❹参照)
⑥前立てをつける(p.42-⑦-❸〜⓮参照)
　衿ぐり始末は異なるので
　前立ての縫い方のみ参照
　前立てステッチ幅は0.5cmにする
⑦衿をつける(p.53-④参照)
⑧袖をつくる
⑨袖つけをする(p.39-⑦参照)
⑩ボタンホール&ボタンつけ(p.36-F参照)

材料(p.20)
表地:コットン 110cm幅
325cm(size1) / 340cm(size2)
(海のブロード CHECK&STRIPE)
接着芯(90cm幅) 60cm
ボタン(10mm) 6個

材料(p.21)
表地:ポリエステルコットン 108cm幅
100cm(size1) / 105cm(size2)
(ポリエステルコットンブロード
No.28300 ソールパーノ)
別布:コットン 105cm幅
220cm(size1) / 230cm(size2)
(100/2ボイルオーガンジーSOG加工
No.22357 ソールパーノ)
接着芯(90cm幅) 60cm
ボタン(10mm) 6個

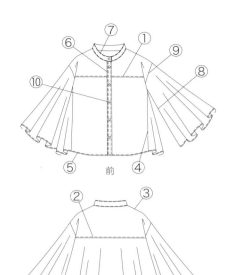

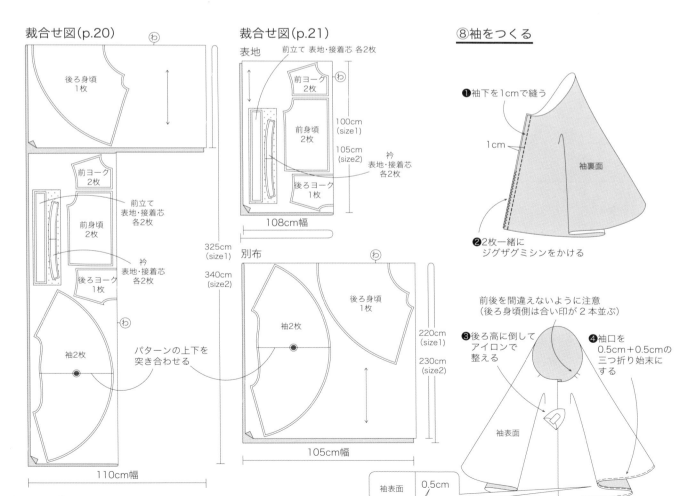

※衿は わ を開いたパターンで裁断する
※接着芯を全面にはるパーツは、四角く囲んだパターンで裁断する

12 オープンフロントジレ

photo p.22,23

実物大パターン 1表
※袋布のパターンは 2表

仕上りサイズ　左から size1 / size2
着丈 92 / 94cm
バスト 114 / 118cm
裾回り 162 / 168cm
肩幅 38 / 40cm
※モデルは身長164cmでsize1を着用

材料
表地：リネン 105cm幅
300cm(size1) / 310cm(size2)
（カラーリネン CHECK&STRIPE）
接着芯(90cm幅) 105cm
伸び止めテープ(1cm幅ストレート) 40cm
伸び止めテープ(1cm幅ハーフバイアス) 200cm

つくり方順序　※②〜⑤はp.37-38を参照
◎身頃のパターンは下図を参照して丈を延長する
◎接着芯と伸び止めテープをはる(p.35-A,B参照)
① ウエストリボンをつくる(p.36-E参照)
　　幅4cm×長さ84cmを2本つくる
② パネルラインと脇線を縫う
　　（脇ポケットのつくり方はp.35-C参照）
③ 後ろ中心ボックスタックを縫う
④ 肩線を縫う
⑤ 衿ぐりを縫い返して裾を始末する
⑥ 袖ぐりを始末する

※接着芯を全面にはるパーツは、周囲に平行に1cmの余裕をつけて裁断する
※ウエストリボンは裁合せ図の指定の寸法で裁断する

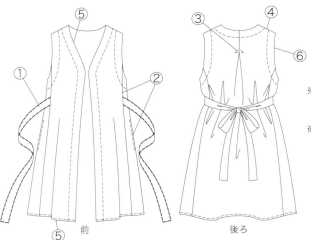

◎身頃パターンのつくり方

①パターンの着丈を34cm延長する

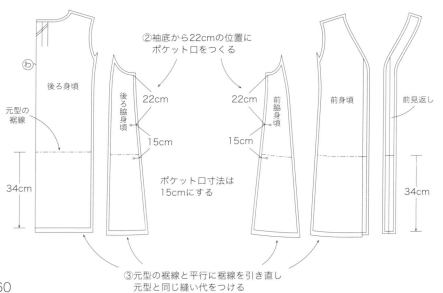

◎伸び止めテープをはる位置

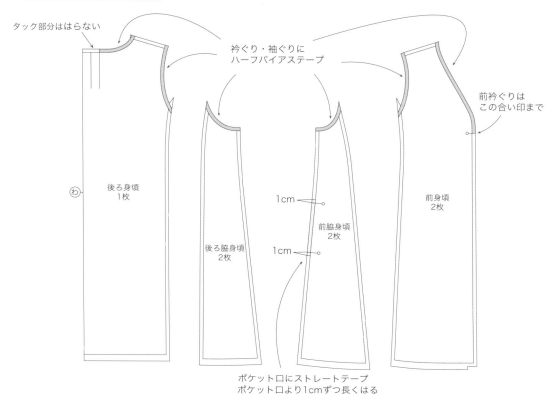

⑥袖ぐりを始末する

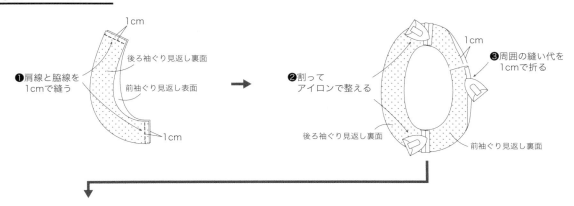

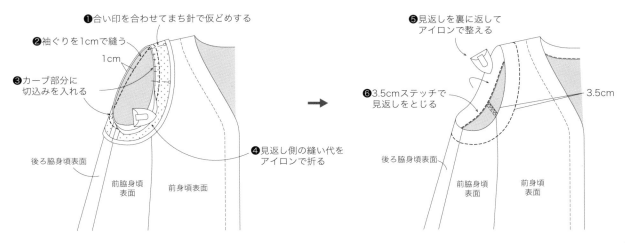

13 ランタンスリーブバンドカラーシャツ

photo p.24　実物大パターン 2 裏

仕上りサイズ　左から size1 / size2
着丈 50 / 52cm
バスト 120 / 126cm
裾回り 118 / 124cm
肩幅 50 / 52cm
ゆき丈 78 / 81cm
袖口 22 / 24cm

材料
表地：コットン 110cm幅
240cm(size1) / 245cm(size2)
(sunnydays stripe CHECK&STRIPE)
接着芯(90cm幅) 50cm
ボタン(15mm) 9個

つくり方順序
◎接着芯をはる(p.35-A参照)
① 前身頃を縫う
② 後ろ身頃を縫う
③ 肩線を縫う(p.38-④-❶、❷参照)
④ 脇線を縫う(p.38-②-❺～❼参照)
⑤ 裾始末をする(p.38-⑤-❺参照)
⑥ 前立てをつける(p.42-⑦-❸～⓭参照)
　衿ぐり始末は異なるので
　前立ての縫い方のみ参照
　前立てステッチ幅は0.5cmにする
⑦ 衿をつける(p.53-④参照)
⑧ 袖をつくる
⑨ 袖つけをする(p.39-⑦参照)
⑩ ボタンホール&ボタンつけ
　(p.36-F参照)

裁合せ図

※台衿は（わ）を開いたパターンで裁断する
※接着芯を全面にはるパーツは、四角く囲んだパターンで裁断する
※袖あきパイピング布は裁合せ図の指定の寸法で裁断する
※ストライプ柄なので用尺は少し多めにしている

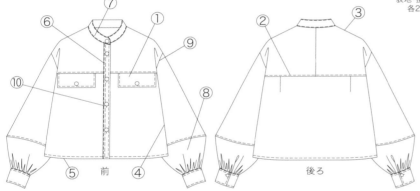

①前身頃を縫う

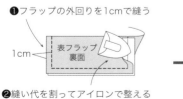

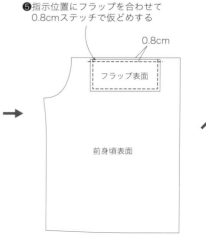

①の続き

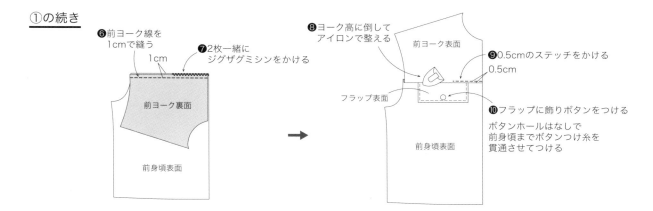

②後ろ身頃を縫う

③袖をつくる

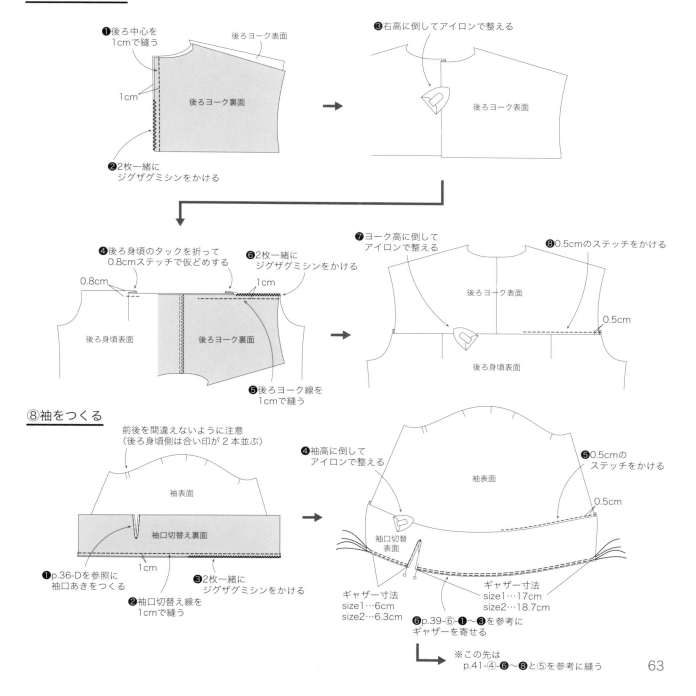

14 ランタンスリーブレギュラーカラーシャツ

photo p.25　実物大パターン 2 裏

仕上りサイズ　左から size1 / size2
着丈 65.5 / 67.5cm
バスト 120 / 126cm
裾回り 118 / 124cm
肩幅 50 / 52cm
ゆき丈 78 / 81cm
袖口 22 / 24cm

材料
表地：コットン 102cm幅
350cm(size1) / 360cm(size2)
(先染めコットンツイードチェック
スコティッシュ / fd1000
APUHOUSE FABRIC)
接着芯(90cm幅) 60cm
ボタン(15mm) 10個

※冬の肉厚素材でボタンホールがつくれない場合は
　ドットボタンやスナップを使用する
　(作品はボタンとボタンホールを使用している)

つくり方順序
◎接着芯をはる(p.35-A参照)
①前身頃を縫う(p.62-①参照)
②後ろ身頃を縫う(p.63-②参照)
③肩線を縫う(p.38-④-❶、❷参照)
④裾始末をする
⑤脇線を縫う
⑥前立てをつける(p.42-⑦-❸～⓭参照)
　衿ぐり始末は異なるので、前立ての縫い方
　のみ参照
　前立てステッチは0.5cmにする
⑦衿をつける
⑧袖をつくる(p.63-⑧参照)
⑨袖つけをする(p.39-⑦参照)
⑩ボタンホール＆ボタンつけ(p.36-F参照)

裁合せ図

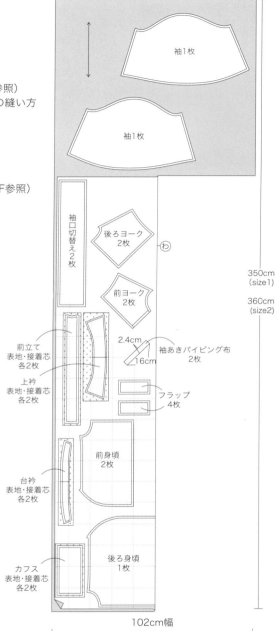

350cm (size1)
360cm (size2)

102cm幅

※上衿、台衿は わ を開いたパターンで裁断する
※接着芯を全面にはるパーツは、
　四角く囲んだパターンで裁断する
※袖あきパイピング布は裁合せ図の指定の寸法で
　裁断する
※チェック柄なので用尺は少し多めにしている

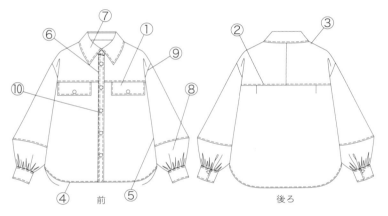

④裾始末をする

❶裾を0.5cm＋0.5cmの
　三つ折り始末にする

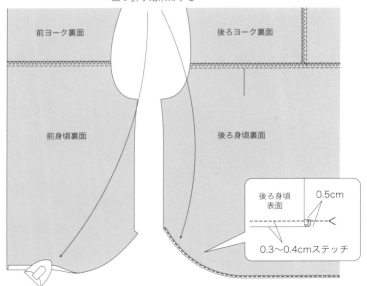

0.5cm
0.3～0.4cmステッチ

⑤脇線を縫う

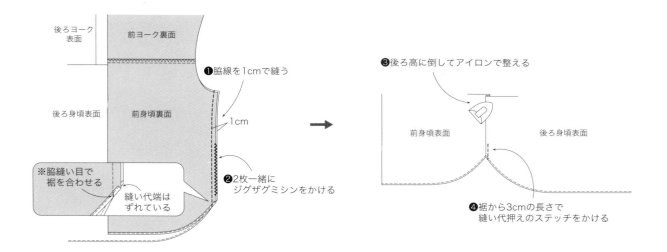

⑦衿をつける

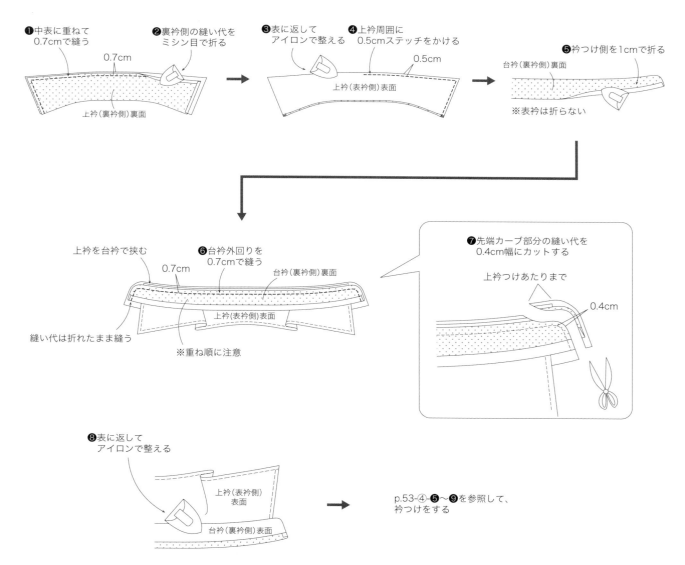

15 フーディプルオーバー

photo p.26,27　実物大パターン 2裏
※右短冊、左持出しのパターンは 2表

仕上りサイズ　左から size1 / size2

着丈 61.5 / 63.5cm
バスト 127 / 133cm
裾回り(ゴム上り) 90 / 96cm
肩幅 62 / 64cm
ゆき丈 78 / 81cm
袖口 27 / 29cm

材料

表地：コットン 110cm幅
245cm(size1) / 250cm(size2)
(ナチュラルコットンHOLIDAY
CHECK&STRIPE)
接着芯(90cm幅) 30cm
ボタン(15mm) 3個
ゴムテープ(1cm幅) 100cm

つくり方順序

◎接着芯をはる(p.35-A参照)
①リボンをつくる(p.36-E参照)
　幅2cm×長さ130cmを1本つくる
②短冊を縫う(p.57-①参照)
③リボン通し穴と短冊ボタンホールをあける
　リボン通し穴は内径1.5cmのボタンホール
　短冊ボタンホールの大きさはp.36-F参照
④肩線を縫う(p.38-④-❶、❷参照)
⑤フードをつける
⑥袖つけをする(p.51-③参照)
⑦脇線と袖下線を続けて縫う
　(p.51-④-❷、❹参照)
　裾は左脇にゴムテープ通し穴をつくる
　(p.46-④参照)
⑧袖口と裾を始末する(p.46-④参照)
⑨フードのリボンと裾のゴムテープを通す

※前身頃、後ろ身頃、フード、フードまちは わを
　開いたパターンで裁断する
※リボンは裁合せ図の指定の寸法で裁断する

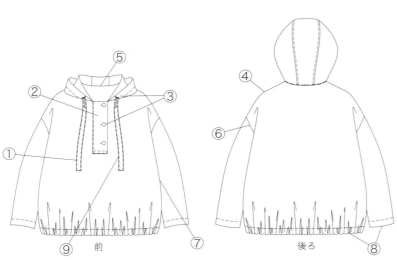

◎部分的に接着芯をはる位置

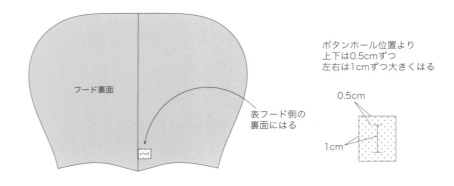

⑤フードをつける

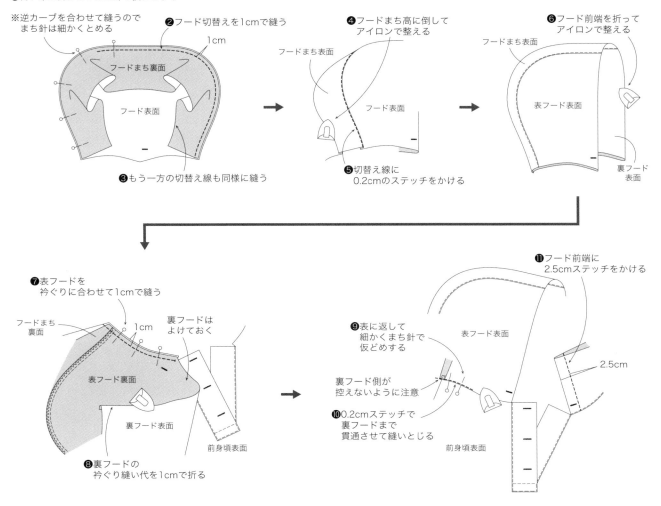

⑨フードのリボンと裾のゴムテープを通す

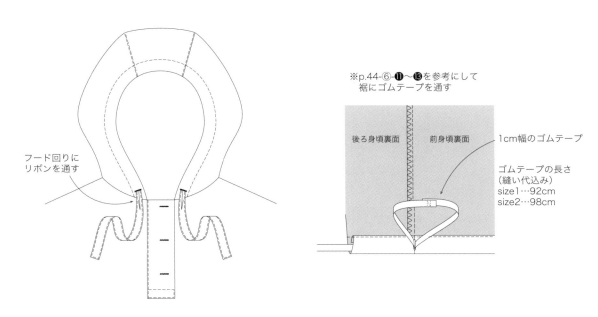

16 ウォームベスト

photo p.28,29　実物大パターン 2 表

仕上りサイズ　左から size1 / size2
着丈 64.5 / 66.5cm
バスト 110 / 116cm
裾回り 119 / 125cm
肩幅 46.3 / 48.3cm

材料
表地：ウール 148cm幅
135cm(size1) / 140cm(size2)
接着芯(90cm幅) 60cm
伸び止めテープ(1cm幅ストレート) 80cm
伸び止めテープ(1cm幅ハーフバイアス) 200cm

つくり方順序
◎接着芯と伸び止めテープをはる
　(p.35-A,B参照)
①身頃を縫う
②衿ぐりを縫う
③袖ぐり～裾を縫う

裁合せ図

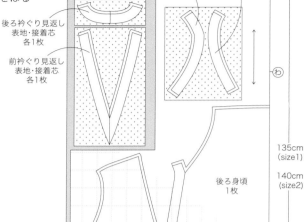

※前衿ぐり見返し、後ろ衿ぐり見返しは⦿を開いた
　パターンを裁断する
※接着芯を全面にはるパーツは、
　四角く囲んだパターンで裁断する
※チェック柄なので用尺は少し多めにしている

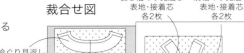

◎伸び止めテープをはる位置

◎脇ステッチについて

・脇ステッチのとじ寸法は好みで調整する

・縫製前にステッチ長さを決めて
　チャコ等で印をつけておく
　(とても重要なので必ず印をつける)

作品は
10cmのステッチ

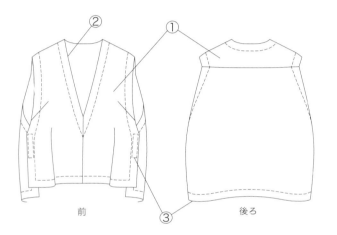
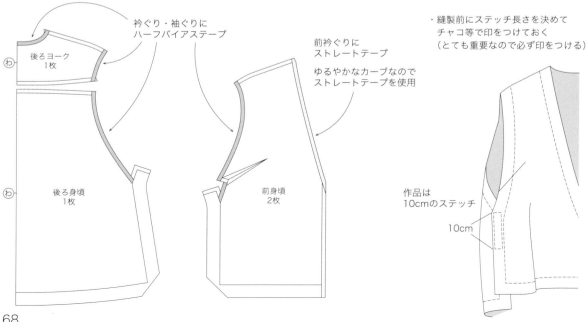

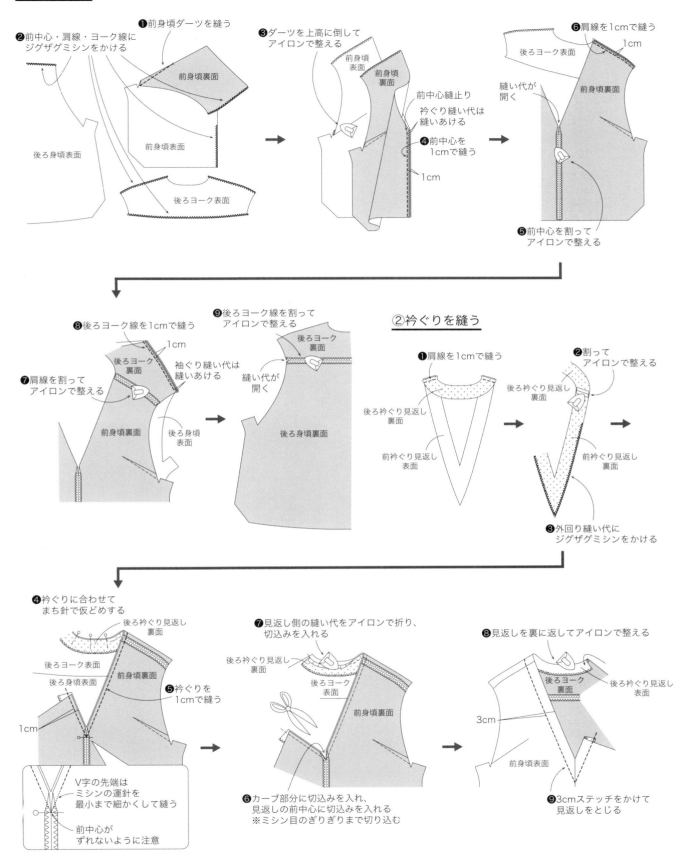

③袖ぐり～裾を縫う

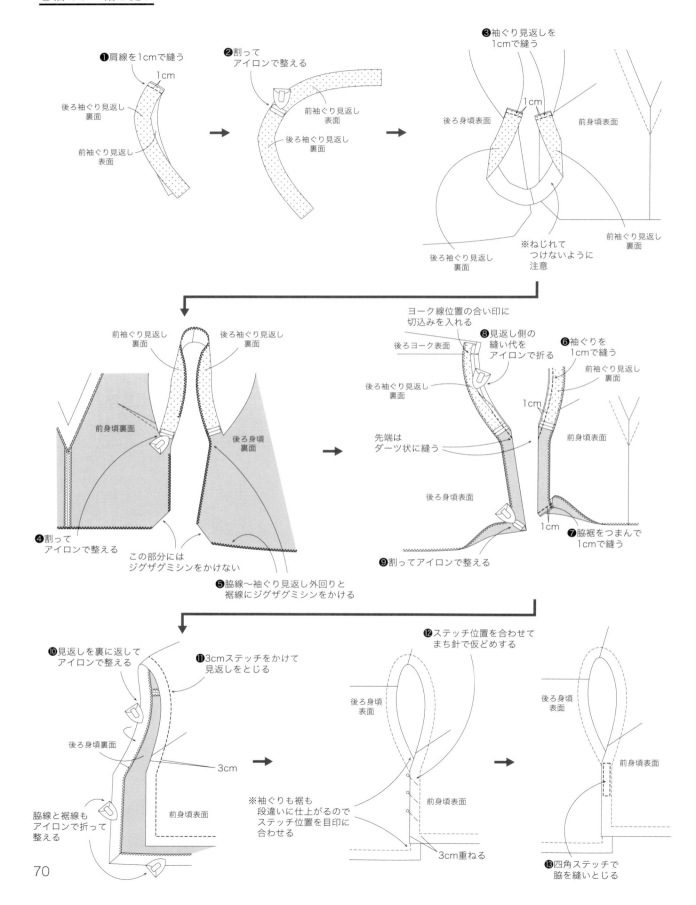

17 ボリュームギャザーワンピース

photo p.30,31

実物大パターン 1裏
※袋布のパターンは 2表

仕上りサイズ 左から size1 / size2

着丈 119.5 / 121.5cm
バスト 159 / 165cm
裾回り 194 / 200cm
ゆき丈 78 / 81cm
袖口 23 / 25cm
※モデルの身長は169cmでsize1を着用

材料

表地：コットン 105cm幅
435cm(size1) / 445cm(size2)
(フレンチコーデュロイ
CHECK&STRIPE)
接着芯(90cm幅) 40cm
伸び止めテープ(1cm幅ストレート)
40cm
ゴムテープ(2cm幅) 60cm
ボタン(10mm) 3個

つくり方順序

◎身頃のパターンは下図を参照して丈を延長する
◎後ろヨーク、前ヨーク、左持出し、右短冊の
  衿ぐりの縫い代に0.3cmをつけて1cmの
  縫い代にする
◎接着芯と伸び止めテープをはる(p.35-A,B参照)
※①〜⑦はp.45ギャザーブラウスを参照
①身頃と袖のギャザーを寄せる
②脇線を縫う
  (脇ポケットのつくり方はp.35-C参照)
③裾始末をする
④袖をつくる
⑤袖をつける
⑥肩線を縫う
⑦ヨーク線を縫う
⑧短冊を縫う
⑨衿をつける
⑩ボタンホール&ボタンつけ(p.36-F参照)

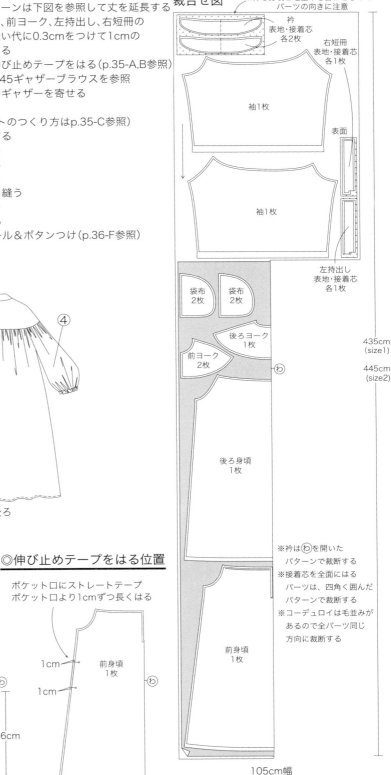

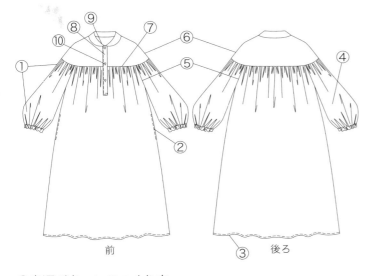

◎身頃パターンのつくり方

①パターンの着丈を56cm延長する

◎伸び止めテープをはる位置

ポケット口にストレートテープ
ポケット口より1cmずつ長くはる

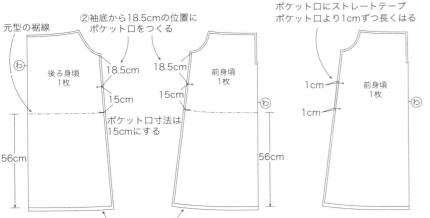

71

⑧短冊を縫う　　p.47-⑧の❸〜❼までを縫う

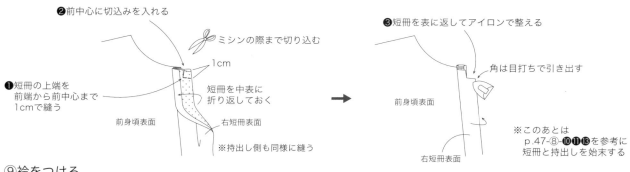

⑨衿をつける

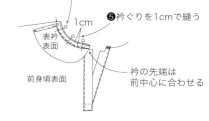
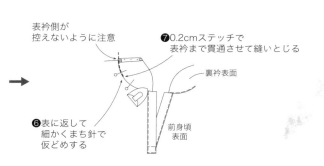

使えるトップス

2025年3月29日　第1刷発行
2025年7月30日　第2刷発行
著　者　木地谷良一　渡部まみ
発行者　清木孝悦
発行所　学校法人文化学園 文化出版局
　　　　〒151-8524
　　　　東京都渋谷区代々木 3-22-1
　　　　電話　03-3299-2485（編集）
　　　　　　　03-3299-2540（営業）
印刷・製本所　株式会社文化カラー印刷

©Ryoichi Kichiya, Mami Watanabe 2025　Printed in Japan
本書の写真、カット及び内容の無断転載を禁じます。

・本書のコピー、スキャン、デジタル化等の無断複製は著作権法上での例外を除き、禁じられています。本書を代行業者などの第三者に依頼してスキャンやデジタル化することは、たとえ個人や家庭内での利用でも著作権法違反になります。
・本書で紹介した作品の全部または一部を商品化、複製頒布、及びコンクールなどの応募作品として出品することは禁じられています。
・撮影状況や印刷により、作品の色は実物と多少異なる場合があります。ご了承ください。

文化出版局のホームページ
https://books.bunka.ac.jp/

ブックデザイン	渡部 忠（STUDIO FELLOW）
撮影	枦木 功
	安田如水（p.32／文化出版局）
スタイリング	岡尾美代子
ヘアメイク	廣瀬瑠美
モデル	朋永、関根なつみ
トレース・作り方解説	木地谷良一
パターンレイアウト	八文字則子
DTP協力	宇野あかね（文化フォトタイプ）
校閲	向井雅子
編集	田中 薫（文化出版局）

【布地提供】
CHECK&STRIPE
https://checkandstripe.com

布地のお店　ソールパーノ
https://www.sunsquare.shop/f/solpano

リバティジャパン（LIBERTY FABRICS）
https://www.liberty-japan.co.jp/

APUHOUSE FABRIC
https://apuhouse.jp

※素材の表記は 2025 年 3 月現在のものです。

【衣装協力】
Véritécoeur　TEL 092-753-7559
p.1,18,24,25,26 パンツ／p.1,4,18,19,20,21,22,28 靴／p.8,9 オーバーオール、タンクトップ／p.10 パンツ／p.19 ショートパンツ／p.22 ソックス／p.28 ロングシャツ

fog linen work　TEL 03-5432-5610
p.12 リネンスカート／p.13 ウールリネンスカート／p.20,21 ウールリネンパンツ